Palabras de Fe

Un camino
para conectarte a
Dios

Acerca del libro

Los poemas de este libro hablan de asuntos relevantes para los cristianos, como fe, esperanza, perseverancia, superación, alabanza, amor, paz, historias de la Biblia, etc.

Muchos de los poemas fueron basados en las predicaciones de los pastores: Joel Osteen y Danilo Montero (Lakewood Church, Houston, Texas), Dante Gebel (River Church, Los Angeles, California) y Andrea Vargas (Avalanche Missões, Vitória, Espírito Santo, Brasil); y los canales en YouTube: Guided Morning Prayers (@guidedmorningprayers), Above Inspiration (@aboveinspiration) y Joyce Meyer Ministries (@joycemeyer).

Tabla de contenidos

Luchas interminables

El camino es arduo, y penosa la jornada,
No hay descanso, siempre hay nuevas batallas.
Algunas de ellas parecen interminables,
Algunas de ellas parecen invencibles.

Estoy luchando día tras día y nada cambia,
Siempre hago mi mejor esfuerzo y la lucha continúa.
Esa lucha desgástame y drena todas las fuerzas,
Ya no veo la luz, ya no veo cosas buenas.

Nuevas dificultades vienen y la lucha no tiene fin,
El desespero llega, no puedo continuar así.
Lloro, me desespero, clamo por ayuda,
Necesito a alguien para ayudarme en esa lucha.

Una pequeña luz al final de túnel es avistada,
Alguien me ayudará, la esperanza es renovada.
La persona se acerca y extiende su mano,
Las palabras dichas hablan directo a mi corazón.

El Señor llegó en mi lucha y me va a socorrer,
Él me da fuerza y me ayudará a vencer.
Dios me dijo que días malos siempre van a existir,
Él me consuela diciendo que siempre estará aquí.

Respiro aliviado, pues sé que no estoy solo,

En todas las batallas el Señor está conmigo.

Enfrentaré a todas las luchas con la cabeza en el alto,

La victoria está garantizada con el Señor a mi lado.

La gran amenaza

En todos los momentos debemos tener cuidado,
Por muchas amenazas estamos rodeados.
Hay muchas cosas que tratan de golpearnos,
Muchas son las situaciones que pueden herirnos.

Entre todos los peligros, el peor son las cobras,
Ellas echan un terrible veneno con sus palabras.
Sus bocas son una fuente de maldición,
Sus lenguas trabajan para la destrucción.

La cobra contamina todo lo que está alrededor,
Ella destruye a su víctima llevándola al piso y al polvo.
La cobra esparce la discordia, la tristeza y la mentira,
Su único objetivo es destruir a aquella víctima.

Aquel que es atacada vive en gran aflicción,
Él busca socorro, pues necesita protección.
Hay solamente un antídoto para salvar la víctima,
Hay solamente un Salvador para aquella vida.

Este es el Señor Dios Todopoderoso,
Él destruirá la cobra, frustrando su esfuerzo.
Todo lo que ella hizo será destruido,
Será como si ella nunca hubiera existido.

El Señor Dios cuidará de aquel que fue atacado,
El Señor lo cargará en sus brazos.
Dios convertirá su aflicción en felicidad,
El Señor lo llevará de la desesperación a la serenidad.

La protección de Dios estará sobre aquella vida,
Dios la protegerá y ella no será herida.
No importa la cantidad de cobras que traten de atacar,
Cada una de ellas, el Señor eliminará.

La mejor ayuda

Cada persona vive cosas que nadie puede imaginar,
Cada uno tiene sus grandes batallas que pelear.
Y en la mayoría de los casos, esas batallas son pesadas,
La persona necesita ayuda para no ser derrotada.

A veces, lo que más falta es el apoyo emocional,
La persona necesita ayuda para vencer el caos.
Ella puede estar cansada, sin esperanza y desanimada,
Pensando que nunca vencerá esa batalla.

Cuando vemos a alguien así, solo hay una salida,
Solo hay una manera de ayudar a esa vida.
Debemos pedir ayuda a aquel que puede todo,
Debemos pedir la ayuda del Dueño del mundo.

El Señor está atento a nuestra oración,
Si le pedimos, Él ayudará en aquella situación.
Dios empezará una transformación en aquella vida,
La esperanza nacerá como nace un nuevo día.

Dios dará vitalidad a aquel que estaba cansado,
El Señor dará ánimo a aquel que estaba agobiado.
La persona quedará maravillada con su transformación,
Y todo eso empezó con nuestra oración.

Nunca dude de lo que usted puede hacer para ayudar:

Puede hacer su mejor esfuerzo: orar.

Aquel que oye su oración es fiel y maravilloso,

Usted estará orando al Dios Todopoderoso.

La oración

La oración es parte fundamental de la vida del cristiano,
Por todos los motivos, cada uno hace su oración.
Todos siempre oran pidiendo alguna bendición,
Y también hay oraciones pidiendo perdón.
No importa el motivo, Dios oirá toda oración.

La gran mayoría de las oraciones son pedidos personales,
Queremos recibir de Dios su bendición y paz.
Algunas veces, oramos por nuestros seres queridos,
Por sus necesidades, oramos y pedimos.

Además de esos, hay otros que merecen nuestra oración,
Todos los que conocemos merecen nuestra atención.
Debemos orar por la gente que vemos todos los días,
Debemos pedir a Dios la bendición sobre sus vidas.

Aunque no sabemos lo que el otro está viviendo,
Dios sabe todas las cosas y le está bendiciendo.
No necesitamos hablar de nuestra oración,
Debemos solo orar y confiar en Dios y su acción.

Como cristianos, sabemos que nuestra oración es poderosa,
Sabemos que en el tiempo perfecto, Dios dará su respuesta.
Que tengamos la disposición para continuar orando,
Porque Dios siempre nos estará escuchando.

No existe mañana

El mañana es un día que nunca existirá,
Porque cuando lo alcanzamos, hoy será.
Es una gran ilusión dejar algo para mañana,
No sabemos si despertaremos en la siguiente mañana.

Nuestra única certidumbre es lo que vivimos en este día,
Hoy es el único momento para arreglar nuestras vidas.
No viva pensando que nunca va a morir,
Piense que en este día eso puede ocurrir.

Y si pasa, ¿qué vendrá en seguida?
¿Adónde va tu espíritu después del fin de tu vida?
¿Está seguro de lo que espérate del otro lado?
¿Será algo bueno y glorioso? ¿O usted será condenado?

Quite hoy esta duda de tu corazón,
Dobla tus rodillas y levante tus manos.
Clame a Dios de todo tu corazón,
Ore al Señor y pide su perdón.

Dios es misericordioso y te va a escuchar,
El perdón de tus pecados, Él te concederá.
El Señor Dios te dará la salvación,
Dios lo librará de la duda y de la condenación.

Pare lo que está haciendo y ore al Señor,
Hoy puede ser el día en el que Dios te llamó.
Atienda la voz del Señor y haga su voluntad,
Dios desea cuidarte por toda la eternidad.

Siga adelante

Delante de Dios, todo tiene un tiempo perfecto,
Para todo, Él sabe cuándo es el momento correcto.
Aun cuando algo no está claro para nuestra visión,
Dios está trabajando y dándonos su bendición.

Si confiamos en Dios, no hay razón para la desesperación,
Podemos ver el completo caos en nuestra situación,
Pero nuestra fe en Dios, eso no la perturbará,
Bajo el control del Señor, todo está.

Tal vez esa situación terrible tenga algo que enseñarnos,
Tal vez este sufrimiento ayudará a desarrollarnos.
Dios nunca permitiría nada que nos pudiera dañar,
Él permite que pase porque sabe que vamos a soportar.

Además de su confianza, Dios también danos fuerzas,
Él nos da los medios para vencer y protege nuestras vidas.
Dios está yendo delante de esta pelea para abrir el camino,
Él está preparando nuestra victoria y ella será increíble.

Veremos que valió la pena todo lo que vivimos,
El sentido de cada cosa vivida, aprendimos.
Todo lo que fue aprendido siempre nos ayudará,
Todo será útil cuando una nueva batalla llegar.

Iglesia contaminada

La iglesia cristiana brasileña vive una triste situación,
La iglesia permitió entrar en sí la contaminación.
Dejando lo correcto y yendo hacia la corrupción,
Y lo peor de todo: afirman que Dios está en acción.

La iglesia se involucró con personas sucias e inmorales,
Gente sedienta por violencia que quita toda la paz.
La iglesia constituyó un nuevo dios y le da adoración,
La iglesia cree que un político es su salvación.

Delante de ese hombre, la iglesia se curvó,
Jesús es ignorado porque hay un nuevo "salvador".
El "salvador" es alguien que cambiará la nación,
Un hombre que dará al pueblo la liberación.

La iglesia quedó cegada después de su discurso animador,
Todos empezaron a defenderlo como supremo señor.
En su defensa, todos pueden mentir, agredir y engañar,
Y si es necesario, hasta pueden matar.

No hay límite para agradar el nuevo dios de los "cristianos",
Él merece todos los sacrificios, ayuno y oración.
Sus seguidores dicen que él es el enviado del Señor,
Y por eso él merece respeto, alabanza y amor.

Muchos "cristianos" siguen creyendo en esa mentira,
Al corrupto, están dedicando sus vidas.
Ellos están muy alejados de la voluntad del Señor,
Solamente Dios es digno de toda adoración y amor.

Cambio de pensamiento

Hay situaciones que parecen ser nuestro fin,
Sentimos que no podemos hacer nada allí.
Aquel lugar donde estamos no tiene nada bueno,
Pensamos: todo está terminado, estoy muriendo.

Sin embargo, Dios no nos ha dejado allí para morir,
Hay una razón para que el Señor nos haya puesto allí.
Dios quiere ver nuestro crecimiento en aquel lugar,
Él sabe que podemos crecer aún en la dificultad.

Cuando empezamos a ver la situación de forma diferente,
El Señor empieza a abrir nuestro corazón y mente.
Estaremos tranquilos y confiados en el Señor,
Seguros de que en todo tiempo Dios es nuestro ayudador.

Veremos que fueron inútiles todas las quejas del pasado,
Nos quejamos solo porque estábamos amedrentados.
En aquel tiempo aún no habíamos comprendido,
No creíamos que Dios nos pusiera en aquel camino.

Después de comprender lo que debemos hacer,
Vamos a trabajar para que algo nuevo suceder.
Podremos hacer cosas que no habíamos pensado,
Tendremos logros que ni siquiera habíamos soñado.

Pero Dios

Soy muy débil,
Pero Dios está conmigo.
Yo nada puedo hacer,
Pero Dios todo puede hacer.

Todo parece imposible,
Pero Dios hace todo posible.
No hay salida en mi camino,
Pero Dios crea un nuevo camino.

Yo no puedo superar mi situación,
Pero Dios puede vencer cualquier ocasión.
Mi angustia me está debilitando,
Pero Dios me está fortaleciendo.

Todo parece estar en contra de mía,
Pero Dios está a mi lado y lucha por mi vida.
No sé lo que debo hacer,
Pero Dios me dice lo mejor a hacer.

Tengo muchas incertidumbres,
Pero Dios tiene todas las certidumbres.
No sé lo que pasará,
Pero Dios siempre me protegerá.

Transformaciones

Jesús es un nombre con gloria y poder,

Si lo conoce y de Él aprende,

Algo nuevo en su vida va a suceder,

Muchas cosas nuevas llegarán a usted.

Él será tu maestro y guía,

En el mar del conocimiento, usted navegará.

Podrá vivir en una nueva vida,

La sabiduría infinita, usted obtendrá.

Sus enseñanzas serán grabadas en ti,

La luz de su mente resplandecerá.

Las armas de la necedad no van a vencerte.

No importa cuántas te quieran atacar.

Siga adelante con Jesús en tu camino,

Con Él, usted nunca estará solo.

No olvide los milagros que Él hizo.

Estará acompañado del Rey más poderoso.

Situación y comportamiento

Vivimos situaciones difíciles, pesadas, y complicadas,
Situaciones en las cuales ninguna justicia es aplicada.
El mal está libre, y actúa en todo y todos con libertad,
No existe el mínimo rastro de rectitud ni verdad.

Todo parece estar podrido y corrompido,
Todos los buenos sentimientos fueron destruidos.
La venganza se junta como el agua en una represa,
Todas las opciones de crueldad están sobre la mesa.

Cada uno de nosotros puede elegir lo que quiere practicar,
Cada uno puede elegir su manera de actuar.
Todo está permitido, parece no haber condenación,
Los más sombríos deseos están al alcance de la mano.

Aun estando delante de tantas posibilidades,
Debemos huir de todas esas maldades.
No podemos comportarnos como esta generación,
Somos el pueblo elegido de Dios para la salvación.

Somos hijos elegidos y herederos de la luz,
Somos la nación elegida que vivirá con Jesús.
Aunque nadie haga lo que es correcto y justo,
Debemos ser y hacer la diferencia en este mundo.

Nuestra misión es mostrar que aún hay bondad,

Mostrar al mundo que aún hay felicidad.

Que todos sepan del amor y justicia del Señor,

Que todos sepan que hay un Salvador.

Comprendiendo el momento

Hay momento en los cuales estamos aprisionados,
Sentimos que estamos arrestados e indefensos.
Somos aplastados y oprimidos por todos lados.

Todas las cosas parecen venir en contra de nuestra vida,
Los días son caóticos, difíciles y muy crueles.
Batallamos arduamente, pero aquello no tiene salida.

Bajamos la cabeza y empezamos a llorar,
La lucha ardua y brutal consiguió abatirnos.
Miramos adelante, y la salida, no podemos contemplar.

Pensamos que es hora de desistir de todo,
Consideramos que ya hemos sido vencidos.
No hay provecho continuar luchando contra el mundo.

Clamamos a Dios y exponemos nuestro corazón,
Decimos a Él lo que está pasando.
Derramamos infinitas lágrimas en nuestra aflicción.

El Señor es amoroso y comprende nuestro momento,
Gentilmente, Él explícanos nuestro camino.
Nada ha sido en vano, todo fue un gran entrenamiento.

El Señor nos preparó para el gran día,

Él nos entrenó para recibir una gran bendición.

Dios nos ha capacitado con su infinita sabiduría.

Comprendemos que todo estaba planificado,

Hubo un propósito en todo lo que vivimos.

El mal momento fue para que algo nos fuera enseñado.

El desprendimiento y el regreso

El principio de la jornada, todo era muy diferente,
Deseaba hacer todo el trabajo espontáneamente.
No había necesidad de nadie demandarme,
No había necesidad de nadie llamarme.
Siempre estaba a la disposición para hacer toda obra,
Yo tenía amor y dedicación de sobra.

El tiempo pasó, y mi interés disminuyó,
No veía mi trabajo como algo necesario y útil.
Pensaba que había otras personas para ejecutarlo,
Pensaba que era solo uno más; no era necesario.
Aléjeme de todos mis trabajos y obligaciones,
Fui a buscar otras oportunidades, otras opciones.

Cada momento, yo estaba más lejos del Señor,
Cada día que pasaba, más alejado de su amor.
Mis labios ya no cantaban más de su alabanza,
Mi vida ya no reflejaba su gloria, esplendor y grandeza.
No había diferencia entre el sagrado y el profano,
No había distinción entre el espiritual y el mundano.

Seguí el camino que me llevaría a la verdadera alegría,

Una carretera para una nueva y próspera vida.

Esta ruta iba a llevarme a un sitio maravilloso,

Un reino donde yo me sentiría fuerte y poderoso.

Alcancé lo más alto nivel de conquista y realización,

Me senté en un trono para contemplar mi perfección.

Aquel mundo tenía todo lo que siempre soñé,

Sin embargo, su placer y regalos, no disfruté.

Todo parecía conducirme a una alegría jamás vista,

Pero nada de lo que era ofrecido me satisfacía.

Después de probar infinitas maravillas,

Sentía un vacío igualmente infinito en mi vida.

Faltaba en mí lo esencial, lo que me daba sentido,

Mi vida no tenía el perfecto amor de Cristo.

Después de muchas desventuras, reconocí mi pecado,

Estaba solo, pobre y desnudo; necesitaba a Dios a mi lado.

Me humillé delante del Señor y supliqué su perdón,

Como un padre amoroso, Él nuevamente extendió su mano.

Regresé a los caminos del Señor, y hoy estoy renovado,

Dios me limpió de toda maldad y de todo pecado.

Hago todo por el Señor con extremo celo y dedicación,

Todos los días, reconozco y agradezco su salvación.

No tengo palabras para describir mi agradecimiento,

Apenas puedo mostrarla adorándolo a todo momento.

La alegría de la confianza

Hoy será un día maravilloso,
Delante de mí está el Dios Todopoderoso.

Él me protegerá,
Él me guiará,
Él me conducirá,
Conmigo, Él se quedará.

El Señor es fiel en todas sus promesas,
Y estar siempre conmigo es una de ellas.
Dios prometió su constante protección,
Él hizo una alianza para todas las generaciones.

Todo lo que necesito, Dios proveerá,
De todo el mal que existe, Dios me librará.
No me preocupo, confío que conmigo Él está.

Aunque algo se levante contra mi vida,
Tengo el poderoso Dios, y la victoria está garantizada.
El Señor nunca fallará conmigo,
Porque el Señor me ama como su hijo.

No hay razón para me amedrentar,
No hay razón para lágrimas derramar.
Todas las cosas están sujetas al Señor,
Todas las cosas obedecen al Dios Todopoderoso.

Siempre creeré en el Dios de mi salvación,

Siempre seré parte de su Santa Nación.

Aguardo ansiosamente el día de nuestra unión,

Aquel día increíble que estaré en su habitación.

Después

Siempre he oído hablar de ti,

Sin embargo, tu camino, yo no seguí.

Nunca deseé quedarme a su lado,

Siempre pensé que estaría arrestado.

Yo quería seguir mi vida libremente,

No quería ser restringido como un creyente.

Ya conocía cómo era la vida de gente así,

Había reglas y restricciones sin fin.

No anhelaba estar arrestado de esa manera,

Mi mente quería vivir tranquila; vivir a la ligera.

Negué todas las invitaciones que recibí,

En un servicio cristiano, nunca comparecí.

Siempre me excusaba con quién me invitaba,

Decía que en la próxima yo lo acompañaba.

Creé las más increíbles excusas,

Muchas involucraban historias confusas.

Sabía que la gente no creía en lo que yo decía,

Sin embargo, estaban seguros de que yo no iría.

Las invitaciones continuaban, y tuve que cambiar,

Inventé otras cosas que me podían librar.

Dije que aún no era el momento de mi conversión,

Un día en el futuro entregaré a Dios mi corazón.

La gente que me oía siempre advertía:
«Cuidado, no sabes cuándo será su último día.»
Respondía que aquello no me preocupaba,
Dios me daría la oportunidad si Él me amaba.

Creo que la gente se cansó de mí,
No llegaron más invitaciones a mí.
Finalmente, nadie venía a perturbarme,
Estaba en paz y podía divertirme.
Derroché mi vida sin ganas conocer a Dios,
Dejé para el final; planeaba ser uno de los suyos.

Sin aviso, la vida me golpeó terriblemente,
Mi existencia fue exterminada rápidamente.
En un momento, estaba caminando,
Y el siguiente, estaba en el piso sangrando.

Mi fuerza y vitalidad escapaban velozmente,
No tuve oportunidad para arrepentirme.
Todo estaba terminado; morí en mi pecado,
En un terrible infierno seré echado.
Y todo eso podría haber sido evitado.

El árbol que no podía crecer

Como un gran árbol, quiero crecer,
Una planta vistosa y maravillosa, quiero ser.
Que mis ramas se esparzan por todos los lados,
Y mi copa y tronco suban cada vez más altos.

Crecer es el deseo más profundo de mi corazón,
Es el pensamiento que domina mi imaginación.
A menudo busco el mejor suelo para seguir desarrollando,
Formas de expandir mi conocimiento, sigo buscando.

Busco fuentes de aguas puras constantemente,
Ellas suplirán mis necesidades permanentemente.
Hago mi mejor esfuerzo para llegar el éxito,
Pero no estoy creciendo, nada tiene efecto.

Después de cuidadosamente analizar mi situación,
Descubro que vivo en una triste condición.
Descubrí que no crezco porque estoy cercado,
No crezco porque estoy siendo sofocado.

Hay muchos grandes y viejos árboles perturbando,
Ellas habitualmente tratan de frustrar mis proyectos.
Ninguna de ellas apoya aquello que intento hacer,
Sin embargo, todas ellas critican cuando intento crecer.

Ellas dicen que el crecimiento no es para mí,
Dicen que nada cambiará y siempre estaré así.
Hace mucho que no hay sueños en esos árboles,
Ahora su misión es tratar de desanimarme.

No puedo oírlas, no puedo parar mi lucha,
Necesito un rescate, una excepcional ayuda.
Y esa ayuda maravillosa vendrá de aquel me creó,
Recibiré la ayuda del jardinero, la ayuda del Señor.

Dios va a abrir el camino para mi crecimiento,
Quitando todas las sombras que me estaban cubriendo.
El Señor siempre cree en aquello que puedo hacer,
Él siempre bendice mi camino para algo bueno suceder.

Así como el jardinero, Dios cuidó de su creación,
Abrió espacio y me hizo crecer con su bendición.
Aprendí que debo confiar y creer solo en el Señor,
Él es el único que me regala con el verdadero amor.
Dios es el único que siempre me ayudará,
Con Él, mi crecimiento nunca parará.

Gracias

Gracias, Señor, por más una oportunidad.
Gracias por vivir más un día bajo tu bondad.

Gracias por siempre protegerme,
Gracias por siempre ayudarme.

Gracias por todo lo que tengo,
Gracias por todo mi alimento.

Gracias por el techo sobre mi cabeza,
Gracias por la ropa que me calienta.

Gracias por tu ternura y fidelidad infinitas,
Gracias por todas las bendiciones en mi vida.

Gracias por ser un elegido para la salvación,
Gracias por haberme dado su unción.

Gracias por el privilegio de alabarte,
Gracias por el privilegio de adorarte.

Gracias por siempre guiar mi camino,
Gracias por siempre estar conmigo.

Gracias por todas las alegrías vividas,
Gracias por las promesas cumplidas.

Gracias por mis dones recibidos,
Gracias por el inmensurable amor de Cristo.

Gracias por ser mi Dios y padre,
Gracias por su infinito amor incomparable.

Gracias es lo que siempre diré,
Gracias es lo que siempre repetiré.

Él

Hay alguien que puede todo,
Él puede cambiar cualquier historia,
No hay límites para su actuación,
No hay barreras que lo pueden impedir.

Para Él no hay distancia muy larga,
O abismo terriblemente profundo,
No hay montaña que Él no puede subir,
Nada puede alejarlo de su objetivo.

Él desea ser conocido y amado,
Desea que la gente sepa su nombre,
Él desea ser el mejor amigo,
Aquel que la gente le cuenta sus secretos.

Él está siempre dispuesto a oír,
Él nunca se cansa de nadie,
Su fuerza y capacidad son infinitas,
Y su bondad es mayor de que todo.

¡Ah! ¡Cómo Él anhela su aproximación!
Él te espera pacientemente.
Él te está llamando en este momento,
Él desea que tú estés con Él.

Jesús extiende a ti su mano bondadosa,
Él está sonriendo mientras te mira.
Acepta la invitación y viva a su lado,
Su vida pasará por un gran cambio.

Donde había tristeza será puesta la alegría,
Donde había llanto nacerá la esperanza,
Donde había desánimo emergerá la fuerza,
Donde había miedo transbordará el coraje.

Y siempre que algo venga en contra de ti,
No habrá razones para preocuparse.
El Señor Jesús estará en su camino,
Todas las batallas serán vencidas.

Conozca este maravilloso Señor,
Permita un vuelco en su mundo.
Deja atrás lo que no sirve,
Y siga por una carretera bella y nueva.

Para el cambio pasar,
Necesitas tomar una decisión.
Necesitas clamar al Señor,
Debes invitarlo para su vida.

Clama de todo el corazón y viva algo nuevo,

Deja Jesús entrar y comenzar el cambio.

Él hará todo lo que sea preciso,

Y en el fin, solo Él será necesario.

Un día extraordinario

Aquel parecía ser apenas más un día,
Un día como todos en su vida.
Aquel hombre fue llevado a su lugar,
Él siempre se quedaba allí para mendigar.

El pobre hombre había nacido lisiado,
No podía andar; era siempre cargado.
Él dependía de todos para todo,
Era libre, pero estaba arrestado en un triste mundo.

En un lugar especial, el hombre fue colocado,
En la puerta del templo, llamada Hermosa, fue dejado.
Él pensó que aquel sería un día normal,
Quedarse allí en el piso ya le parecía natural.

Él veía a toda la gente y les pedía limosna,
Quería solo una migaja para saciarlo en aquella hora.
En su vida no había esperanza ni perspectiva,
Él solo deseaba sobrevivir a aquel día.

Dos hombres pasaron por aquella puerta,
Él extendió su mano y les pidió su limosna.
En aquel momento, su vida empezó a cambiar,
Un poco de atención, él pudo ganar.

Los hombres pidieron para levantar su mirar,
Aquel rostro sufrido, ellos pudieron contemplar.
Alguna cosa, el hombre esperaba recibir,
Él ni siquiera imaginaba lo que estaba por venir.

Él no sabía quién los hombres representaban,
Él no tenía ni idea del poder que cargaban.
Pedro y Juan fueron dirigidos a estar en este sitio,
En aquella hora, iba a actuar la gloria de Cristo.

Pedro no tenía plata ni oro para dar,
Pero tenía a Jesucristo, un milagro se iba a realizar.
En nombre de Jesús, Pedro declaró:
«Levántate y anda, pues el Señor te sanó.»

La cura ocurrió instantáneamente,
El cambio pasó inmediatamente.
Sus pies regresaron a su perfecto estado,
Él anduvo como si nunca hubiera sido lisiado.

Ahora, el hombre puede entrar en el templo del Señor,
Él saltó y alabó a Dios, su libertador.
Todo el pueblo vio y se quedó maravillado,
Ellos reconocieron que era el mismo lisiado.

La vida de aquel hombre nunca más fue igual,
Él había experimentado la cura sobrenatural.
El Señor devolvió su alegría y dignidad,
El Dios Todopoderoso dio su libertad.

Cargas pesadas

Seguimos la vida llevando cargas pesadas,
Son muchos afanes, preocupaciones y medos.
Todo eso deja nuestra alma terriblemente agobiada.

Todos los días sentimos que empeora la situación,
Sentimos que la carga está quedando insoportable.
El corazón desfallece y viene la desesperación.

Ese peso gigantesco ofusca toda y cualquier felicidad,
La mente ya no cree que pasará algo bueno.
Ella habita en un profundo pozo, en la oscuridad.

Hay un punto donde es imposible seguir viviendo así,
Caímos al suelo y el llanto inunda nuestro ser.
Todo es tan terrible que incluso deseamos morir.

En las densas tinieblas, oímos alguien llamando,
Alguien está diciendo nuestro nombre.
Miramos alrededor para ver quién nos está hablando.

Nos llama Aquel que nos puede rescatar,
El maravilloso, el poderoso, el fiel, el gran maestro.
Jesucristo nos llama; del pozo, Él nos va a sacar.

El Señor Jesucristo alumbra y disipa todas tinieblas,

Él agarra nuestras manos y nos levanta.

Hacia un camino recto y lleno de luz, Él nos lleva.

Jesucristo quita la carga que nos estaba matando,

Él echa todo lo malo para muy lejos.

Y nos entrega su carga, que es algo muy liviano.

Además del alivio, Él siempre está al nuestro lado,

Él nunca dejará que sigamos sin ayuda.

Él nunca dejará que caigamos desanimados.

Todas las veces que la carga parecer pesada,

Jesús nos brindará con su infinita fuerza.

Y toda y cualquier circunstancia será superada.

Aparcado

Muchas veces no vemos nada aconteciendo.
Sentimos que nuestro mundo paró de girar,
En todos los lados todo está en el mismo lugar.
Todo parece estático, nada se está moviendo.

La falta de movimiento produce cierta agitación.
Clamamos desesperadamente por la ayuda del Señor,
Buscamos incesantemente su gracia y favor.
Deseamos su inmediata acción en nuestra situación.

Esperamos con aflicción el milagro deseado.
Seguimos pidiendo a Dios fervorosamente,
La bendición soñada domina nuestra mente.
Nuestro corazón sueña con aquello que será dado.

El tiempo pasa y nuestra vida aún no cambió.
Todas las cosas permanecen en el mismo estado,
Estamos seguros de que no seremos regalados.
Sentimos que el Señor nos olvidó y nos abandonó.

La decepción llega a tal punto que paramos de orar.
Imaginamos que aquello no llegará a nuestras vidas,
Creemos que nunca veremos aquellos bellos días.
Ciertamente, nuestro sueño nunca se va a realizar.

De repente, cuando ni siquiera estábamos esperando.
Nuestro mundo empieza a moverse rápidamente,
Pasa algo maravilloso casi instantáneamente.
Toda nuestra situación se está transformando.

Comprendemos que Dios comenzó su acción.
Cosas nuevas son creadas donde no había nada,
Una gran obra de Dios está siendo ejecutada.
El Señor atendió al deseo de nuestro corazón.

Somos inundados por la gratitud y admiración.
Comprendemos que hemos sido infieles e impacientes,
Actuamos como la gente sin fe, los no creyentes.
Percibimos nuestro error e imploramos perdón.

Somos perdonados gracias a las misericordias del Señor.
Cambiamos nuestro pensamiento y nuestra postura,
Delante de Dios, tendremos una nueva conducta.
Comenzamos una nueva fase con más fe y amor.

Pidiendo correctamente

Toda la gente tiene deseos en su corazón,
Todos piden a Dios alguna bendición.
Los pedidos son una cosa muy usual,
Todos necesitan un milagro sobrenatural.

Algunos claman al Señor para recibir su cura,
Otros claman a Él por otras clases de ayuda.
Los creyentes saben que Dios es Todopoderoso,
Él puede hacer cualquier cosa por su pueblo.

Y en el medio de todas las clases de pedidos,
Hay una clase que a Dios no le gusta oírlo.
A Dios no le agrada oír súplicas egoístas,
Súplicas para recibir las banalidades de la vida.

Al envés de alguien pedir un coche más caro,
Debería pedir al Señor para usarlo.
Al envés de pedir una casa gigantesca,
Debería pedir para quien no tiene nada en la mesa.

La gente se acerca a Dios con pedidos sin sentido,
Cosas que no tienen nada que ver con el Reino de Cristo.
La gente suele suplicar aquello que les agradará,
No teniendo en cuenta el resultado que producirá.

Los cristianos deben pedir cosas admirables,
Sus pedidos deben ser puros y responsables.
Pedidos que puedan glorificar el nombre del Señor,
Pedidos que reflejen su gloria y esplendor.

Cada uno debe pedir que sea una herramienta,
Alguien que esparza la paz y el amor a la Tierra.
Todos deben anhelar el crecimiento del Evangelio,
Así, Dios derramará infinitas bendiciones del cielo.

Recordar lo que pasó

Todas las cosas están muy difíciles,
¿Será que voy a conseguir superarlas?
¿Será que veré los días felices nuevamente?
¿Será que podré cantar alegremente?

Estas cuestiones siempre vienen a la mente,
Las pensamos cuando estamos desesperados.
Parece no haber ninguna esperanza,
Perdemos nuestra fe y la autoconfianza.

Precisamente en este momento, algo debe pasar.
Debemos recordar de lo que ya ocurrió con nosotros.
Debemos traer a la memoria las bendiciones recibidas,
Traer a nuestro corazón las batallas vencidas.

En la vida, todos tienen victorias para celebrar.
Todos tienen muchos momentos de alegría.
Momentos que aprovechamos con intensidad,
Tiempos que vivíamos con la felicidad.

Esos fueron los regalos recibidos del Señor.
Dios siempre se preocupa con nuestro camino.
El Señor estuvo adelante en cada batalla,
Él frecuentemente muestra que nunca falla.

Aunque la situación actual sea desafiadora,

No podemos postrarnos y quedar llorando.

Debemos mantener la fe en la provisión,

Apoyados en la certeza de nuestra bendición.

Dios ya nos ha bendecido muchas veces,

Y no será ahora que Él va a fallar.

Cree firmemente en la respuesta del Señor,

En el tiempo oportuno, Él dará su magnífico favor.

Seguir creyendo

Hace mucho tiempo desde que oí su promesa,
Desde que oí su voz, ha sido una infinita espera.
Todas las cosas que dijiste, aguardé,
La transformación en mi camino, esperé.

¡Oh, Señor! ¡Necesito tu poderosa ayuda inmediatamente!
Todas las bendiciones prometidas, quiero verlas a mi frente.
Siento que todas las cosas de mi vida están congeladas,
Siento que no hay solución para absolutamente nada.

Ayúdame a superar todas mis angustias,
Seguir adelante en mi situación es una verdadera lucha.
Hay momentos en que no más deseo continuar,
Los problemas son difíciles y me tratan de despedazar.

Todos los días, hago mi mejor esfuerzo para avanzar,
Pero parece que este test nunca terminará.
Señor, recuerda de esta pobre y necesitada alma,
Actúa en mi vida y haz crecer este siervo que a ti clama.

Oro y canto intentando hacer mi fe ser aumentada,
Siempre creyendo que la bendición de Dios será dada.
Estoy seguro de que no hay provecho en quejarse,
Con las quejas, mi dolor no va a aliviarse.

No importa lo que venga contra mí,

Sé que el Dios Todopoderoso es por mí.

Aunque se levanten miles de enemigos,

Con la ayuda del Señor, venceré todos los desafíos.

Aunque todos digan que no seré bendecido,

No los oiré, creo en lo que Dios me ha dicho.

Dios es el único que puede decidir mi destino,

Él abrirá un río de bendiciones en mi camino.

Dios hizo algo grande, así como yo esperaba,

Él creó una novedad donde no había nada.

El Señor cumplió todas sus palabras prometidas,

Él mostró que es celoso y fiel con mi vida.

Regalando

Quedamos satisfechos cuando recibimos algo,
Amamos cuando somos regalados,
Amamos cuando nuestros deseos son realizados.

Ganar algo nos hace sentir importantes,
Sentimos que somos queridos y amados,
Por otras personas, estamos siendo recordados.

Los regalos son una demostración de amor,
Muestran que somos dignos de atención,
Dicen que merecemos gran consideración.

Así como recibimos el amor de otros,
También debemos demostrar nuestro amor,
Debemos dar a otros nuestra gracia y favor.

Debemos sembrar aquello que ya recibimos,
No necesitamos empezar con bienes materiales,
Podemos empezar visitando enfermos en los hospitales.

Podemos dar un poco de atención a alguien,
Llevar un poco de alegría a un solitario,
Mostrándoles que hay alguien a su lado.

Podemos donar nuestro tiempo para oír,
Estando atentos a lo que el otro quiere hablar,
Una cura profunda, eso puede generar.

También podemos dedicarnos a otros,
Ayudándolos en sus necesidades,
Pequeñas acciones generan enorme felicidad.

Otra manera de ayudar es a través de la oración,
Presentando a Dios los pedidos del otro,
Este sacrificio es más valioso que el más puro oro.

El reconocimiento puede ser mostrado con dinero,
Donando y ayudando a los que están más necesitados,
Ellos se sentirán inmensamente bendecidos y amados.

Esos fueron solo algunos ejemplos de semillas,
Hay muchos campos donde pueden ser plantadas,
Ellas esperan a alguien para sembrarlas.

Haga su mejor esfuerzo para mejorar el mundo,
Dios siempre hace su mejor esfuerzo por todos,
Tratemos de imitarlo con nuestro mejor esfuerzo.

Pensar

Dios nos ha creado con muchas capacidades,
El Señor nos ha dado muchas habilidades.
Entre todos nuestros dones, tenemos el pensar,
Una habilidad increíble que mucho puede realizar.

El Creador nos ha dado inteligencia extraordinaria,
Él diseñó el cerebro como la más perfecta maquinaria.
Un conjunto de conexiones muy poderoso,
Un órgano fuerte para gobernar todo el cuerpo.

Además del cuerpo, el cerebro debe raciocinar,
Él debe analizar la manera correcta de actuar.
En medio a infinitas e incontables opciones,
Debemos elegir sabiamente nuestras decisiones.

Dios puede ayudarnos en lo que debemos elegir,
Pero cada uno está encargado de decidir.
El Señor no indicará cada paso de nuestro camino,
Él ya nos dio la sabiduría y capacidad para elegirlo.

Debemos confiar en Dios después de cada decisión,
Confiar que Él estará con nosotros en aquella dirección.
El Maestro nos ayudará a superar todos los obstáculos,
Él segura nuestras manos y sigue a nuestro lado.

El equipaje de la vida

A lo largo de la vida, recibimos muchos equipajes,
Son muchas maletas y paquetes para cargar,
Son muchas cargas que siempre vamos a llevar.

Algunas de esas cargas son útiles,
Las maletas llevan las experiencias aprendidas,
Llevan enseñanzas para toda la vida.

Sin embargo, tenemos muchas cargas inútiles,
Algunas de ellas están llenas de sufrimiento,
Cuando las tocamos, tenemos pésimos sentimientos.

Estas cargas impiden que sigamos en paz,
Siempre nos hacen retroceder al pasado,
Nunca dejan que lleguemos al futuro deseado.

Algunas de estas cargas están entrañadas en el corazón,
Están conectadas a lo más íntimo de nuestro ser,
Sentimos que nunca ellos nunca van a desaparecer.

Necesitamos la ayuda de aquel que da la libertad,
Aquel que puede romper cualquier cadena de sujeción,
El Señor operará en nuestra mente la liberación.

Él cortará las sogas que nos prenden al pasado,
Dios nos librará de aquello que nos sofocaba,
Caminaremos libres, sin estar arrestados a nada.

Toda la carga negativa e improductiva será quitada,
Llevaremos solo aquello que nos va a auxiliar,
Llegaremos a un nuevo y maravilloso lugar.

Estaremos donde el Señor había planificado,
Un lugar donde reina su perfecta voluntad,
Donde habitan la paz y la felicidad.

Preocupaciones

La preocupación es algo natural para el ser humano,
Todos se preocupan por lo que va a suceder.
Todos desean saber cómo su futuro será,
Todos quieren estar listos para el mañana.

Esta búsqueda por la preparación genera ansiedad,
La mente se rellena de imaginaciones infinitas.
Cada uno crea en sí mismo todos los tipos de escenarios,
Cada persona imagina todo lo que puede pasar.

Estas imaginaciones se convierten en un tipo de miedo,
Ellas se arraigan en el corazón y producen angustia.
La persona se preocupa todo el tiempo; no hay descanso.
Ella se queda agitada, inquieta y sin saber qué hacer.

Y en la mayor parte del tiempo, la preocupación es inútil,
Pues son cosas que nadie sabe si van a pasar.
Uno experimenta un sufrimiento anticipado y sin sentido,
El sufrimiento está basado apenas en la expectativa.

Uno necesita ayuda para liberarse de la ansiedad,
La persona debe mirar hacia el alto y pedir socorro.
Ella debe recordar a aquel que controla todo,
Debe recordar que hay un Dios Todopoderoso.

Este Dios es capaz de aliviar esta pesada angustia,
Él quitará la preocupación, el miedo y la ansiedad.
La persona volverá a tener paz consigo misma,
Ella volverá a sonreír y podrá tener fe en un futuro mejor.

El Señor trae una paz inexplicable y duradera,
Aunque el destino se muestre totalmente incierto.
Dios calma el corazón dándole confianza,
Dándole una gran esperanza en medio del caos.

Siempre que la persona pensar en desesperarse,
Ella recordará que no hay razones para eso.
La persona entregará sus ansiedades para el Señor,
Y descansará esperando su acción maravillosa.

Palabras dichas

A la gente le gusta hablar de mí,
Dicen malas palabras contra mí.

Dicen palabras para despreciarme,
Hablan cosas para devaluarme.

Toda la gente lo hace libremente,
Exponiendo sus malignas mentes.

Las lenguas son muy maliciosas,
Son como serpientes venenosas.

Su única misión es destruirme,
Echan veneno para matarme.

Me voy a proteger de todo eso,
Habrá un escudo en mis oídos.

La palabra envenenada, no oiré,
Muchas buenas palabras, hablaré.

Mi boca es una fuente de bendición,
Dirá lo que agrada a mi corazón.

Mis palabras siempre serán bonitas,
Siempre estarán llenas de vida.

Declararé palabras de ánimo y victoria,
Afirmaré cómo será mi historia.

Hablaré de las maravillas del Señor,
Rendiré culto a su amor y favor.

Cantaré de los planes de mi Dios,
Cantaré que soy uno de los suyos.

Agradeceré la salvación recibida,
Agradeceré que me haya dado la vida.

El bien será esparcido de mis labios,
Serán deshechos todos los agravios.

La bendición vencerá la maldición,
Y mi buena palabra será mi protección.

De las tinieblas a la luz

En aquella noche más oscura,
En su hora más fría.
Todo era tinieblas y oscuridad,
Ninguna luz se veía.

Mi mundo era solo desilusión,
No tenía ni paz ni amor.
Vivía en el caos y en la tristeza,
Sumergido en profundo dolor.

No quería seguir vivo,
No aguantaba más vivir así.
Quería morir inmediatamente,
Quería luego mi fin.

En las tinieblas, la luz resplandeció,
Gentilmente fui llamado.
Alguien se importó conmigo,
Alguien quiso estar a mi lado.

Una mano poderosa fue extendida,
Lo agarré con mucha determinación.
Sentí que era una nueva chance,
Podría cambiar mi situación.

La mano de Dios me levantó,
Él me ha quitado de aquel lugar.
El Señor me mostró la esperanza,
Él me ha ayudado a levantar.

Salí de aquel mundo terrible,
Mi vida fue renovada.
Hoy, vivo alegre y en paz,
Mi historia ha sido transformada.

Soy una prueba del poder de Dios,
Una prueba de lo que Él puede ejecutar.
Se lo presento a otras personas,
Para que también se puedan levantar.

El día

Cada mañana, mi mente es renovada,
Declaro que mi día será bendecido.
Pido a Dios que su gracia sea derramada,
Y agradezco a Él todo lo que he recibido.

Lleno mi mente con pensamientos positivos,
Considero este día más un regalo del Señor.
Alejo de mí todos los pensamientos negativos,
Ya agradezco las bendiciones que Dios preparó.

Estas actitudes direccionan todo mi día,
Ellas permiten que yo tenga otra visión.
Reconozco que Dios cuida de mi vida,
Agradezco su infinito amor y protección.

Siempre que puedo, hablo con el Señor,
Recuerdo todas sus misericordias.
Agradezco su maravilloso favor,
Agradezco tener más un día de victoria.

Al final de día, agradezco a Dios nuevamente,
Agradezco todas las bendiciones recibidas.
Agradezco su cuidado permanente,
Y pido más bendiciones para el próximo día.

Ayuda para continuar

Cuando todo dice que no debes soñar,
Cuando todo indica que no debes intentar,
Cuando todo está en contra para destruirte,
Cuando está difícil y sientes ganas de desistir.

Recuérdate: hay razones para continuar,
Hay una esperanza y fuerza que te puede ayudar.
Tú no estás solo, no está abandonado,
Tú tienes el Señor Todopoderoso a su lado.

Tú y el grandioso Dios son una fuerza imbatible,
Luchar al lado del Señor te convierte invencible.
Nada podrá parar su determinación,
Nada tendrá fuerzas para interrumpir su misión.

Sigue adelante y lucha bravamente hasta vencer,
Dios cubre tu vida con su infinito poder.
El Señor te bendice y te da victoria,
Él está escribiendo una maravillosa historia.

Lo que Dios dice

El mundo dice: "No puedes hacerlo; no lo mereces."
Y Dios dice: "Puedes hacer todo; ¡tú lo mereces!"

El mundo dice: "No te importa, ríndete"
Y Dios dice: "Eres precioso, ¡adelante!"

El mundo dice: "Nadie te va a amar."
Y Dios dice: "¡Yo siempre te voy a amar!"

El mundo dice: "Nunca vas a superarlo."
Y Dios dice: "¡Seguramente vas a superarlo!"

El mundo dice: "Nunca serás sanado."
Y Dios dice: "¡Serás sanado y restaurado!"

El mundo dice: "Nunca romperás con la adicción."
Y Dios dice: "¡Serás libre y tendrás una nueva vida!"

El mundo dice: "Tu pasado es una sombra sobre tu vida."
Y Dios dice: "¡Voy a escribirte una nueva historia!"

El mundo dice: "Este negocio nunca va a prosperar."
Y Dios dice: "¡Haré prosperar todo lo que hagas!"

El mundo dice: "Nunca lograrás esa promoción."
Y Dios dice: "¡Te podré en una más elevada posición!"

El mundo dice: "Siempre seguirás fallando."
Y Dios dice: "¡Yo te conduciré hacia la victoria!"

El mundo dice: "Has pecado y estás condenado."
Y Dios dice: "¡Yo borraré todos tus pecados!"

El mundo dice: "Nadie en tu familia pudo hacerlo."
Y Dios dice: "¡Tú harás grandes obras!"

El mundo dice: "No creas en promesas vacías."
Y Dios dice: "¡Cumpliré todo lo que te he prometido!"

No oiga lo que el mundo dice,
Oiga solo lo que Dios dice.

Mi fracaso

Hice todo correcto y no logré la victoria,
Trabajé arduamente todos los días.
Ahora, todo parece en vano y sin sentido,
No pude notar resultado o mejoría.

Trato de entender lo que hice equivocado,
Busco explicaciones, motivos y justificaciones.
Analizo cada detalle para comprender,
Tengo que saber la razón de mi fracaso.

Mi búsqueda no llevó a ningún lugar,
Aún no entendí lo que pasó.
Aún no acepté la derrota que viví,
Necesito respuestas para continuar.

Abrí mi corazón ante el Señor,
Derramé toda mi angustia y tristeza.
Le pedí a Él una respuesta para mi duda,
Algo totalmente inesperado, Él me mostró.

Dios me hizo ver algo que jamás imaginaría,
Él mostró que mi fracaso no ha sido en vano.
La sabiduría de Dios resplandeció en mí,
Comprendí el propósito para mi vida.

El fracaso me enseñó a ser fuerte y valiente,
El infortunio me dio sabiduría para continuar.
La derrota me mostró otro camino a seguir,
Esa situación me enseñó a seguir adelante.

Levanto mi cabeza para encarar el futuro,
No importa lo que vendrá, sé que Dios está conmigo.
Aunque yo fracase nuevamente, no desanimaré,
Al lado de Dios, somos la mayoría contra el mundo.

Dos caminos

Hay dos consejos en nuestras vidas,
Uno de ellos viene del Todopoderoso, el Señor,
Y otro viene del Diablo, el Engañador.

La palabra del Señor es una gran bendición,
La palabra del Engañador es una gigantesca maldición.
Él intenta de engañarte en su pensamiento y acción.

Él pervierte los santos caminos que el Señor creó,
Él quiere llevar a la gente a la desgracia y al error.
Pero en todo, él muestra que hay beneficio y valor.

Él no te muestra nada feo ni poco atractivo,
Él hará sus ojos brillaren para capturar tus sentidos.
Tú pensarás: "Seguramente lo necesito."

El Diablo continúa seduciendo y encantando,
Poco a poco, él te está capturando.
No puedes notar todo lo que está pasando.

Estás lejos del Señor; su visión ha sido ofuscada,
No puedes ver; su luz está siendo apagada.
Para ti, no importan los caminos en tu jornada.

Sin embargo, el Todopoderoso nunca desistirá,

Su amor infalible y eterno, Él manifestará.

Del pozo más oscuro y profundo, Él te sacará.

Dios romperá la cadena y liberará tu prisión,

El camino alumbrado estará nuevamente ante tu visión.

Dios siempre comandará su vida en toda situación.

Al final, vas a arrepentirte de todos tus actos,

Pedirás el perdón a Dios por el mal practicado.

En su inmensa misericordia, Él borrará tus pecados.

Comenzarás una nueva vida en la correcta dirección,

Jamás desearás alejarte de esta bendición.

Sentiste el dolor de vivir lejos de la buena instrucción.

Sustituyendo los pensamientos

Todos cargamos muchos pensamientos,
Llevamos lo que aprendimos a lo largo de la vida.

Muchos pensamientos son buenos y nos ayudan,
Sin embargo, otros a menudo nos perturban.

Debemos sustituir los pensamientos nocivos,
Debemos sustituirlos por pensamientos victoriosos.

En lugar de decir: "No puedo hacer esto."
Debes decir: "Sí, puedo hacerlo."

En lugar de decir: "Siempre he vivido así."
Debes decir: "Seré la mejor versión de mí."

En lugar de decir: "Enfrentaré un día largo y difícil."
Debes decir: "Gracias, Señor, estoy vivo."

En lugar de decir: "¡Cómo ha sido terrible este día!"
Debes decir: "Gracias, Señor, superé este día."

En lugar de decir: "¡Yo desisto! ¡Todo ha fallado!"
Debes decir: "Haré mi mejor esfuerzo y todo será arreglado."

En lugar de decir: "Todo siempre tiene un final terrible."
Debes decir: "Todo lo que haga tendrá un final increíble."

En lugar de decir: "Esta enfermedad es parte de mí."
Debes decir: "Esta enfermedad no pertenece a mí."

En lugar de decir: "Nunca encontraré a la persona cierta."
Debes decir: "Encontraré la persona perfecta."

En lugar de decir: "Seguramente, esta crisis me afectará."
Debes decir: "Estoy seguro de que Dios me protegerá."

En lugar de decir: "Mi negocio no está funcionando."
Debes decir: "Ya veo mi negocio prosperando."

Si cambias tus pensamientos, todo será diferente,
Cambiarás tu actitud según lo que hay en tu mente.

Creerás en sí mismo y en el Señor,
Trabajarás y Dios le brindará su favor.

La llama casi apagada

Comencé mi carrera cristiana muy animado,
Estaba dispuesto para cualquier clase de trabajo.
Nadie me podía perturbar ni desanimar.
Donde había necesidad, yo estaba allá.

Sentía un fuerte deseo de ayudar,
En la obra de Dios, yo quería estar.
Hacerlo me daba propósito y satisfacción,
Hacía todo con enorme disposición.

Iba a la iglesia en todas las ocasiones,
Oraba a Dios en todas situaciones.
Alaba al Señor durante mi día,
Por sus bendiciones, yo le agradecía.

Seguí mi carrera y mi ánimo disminuyó,
Ya no trabajaba con el mismo amor.
Todo se convirtió en una obligación,
Ya no actuaba con celo ni pasión.

La llama en mi corazón se apagó,
Yo ni siquiera hablaba con el Señor.
Mi corazón no anhelaba su presencia,
Era un cristiano solo en la apariencia.

No sabía exactamente lo que me había pasado,
Sin embargo, sabía que había cambiado.
No estaba satisfecho con mi modo de vivir,
Si no hiciera nada, yo iba a morir.

Clamé al Señor desesperadamente,
Pedí a Él que alumbrara mi mente.
Dios amablemente me tranquilizó,
Y el camino correcto, Él me señaló.

Debo alabar y recordar de las bendiciones,
Recordar de los mandamientos e instrucciones.
Debo seguir su palabra de vida diariamente,
Reconociendo que sus caminos son excelentes.

Debo recordar de las promesas del Señor,
Recordar de su infinito y maravilloso amor.
Así, siempre estaré animado y con energía,
El Espíritu Santo enciende la llama de mi vida.

Una llama que brillará resplandeciente,
Una luz que vivirá eternamente.
Con Dios, mi brillo jamás se apagará,
La luz del Señor siempre me encenderá.

Agradecimiento anticipado

Señor Dios, agradezco lo que vendrá,
Agradezco al Señor por lo que pasará.
Agradezco al Señor por todo lo que no puedo ver,
Soy grato por todo lo que Dios va a hacer.

Agradezco a Dios, no importa la situación,
Le agradezco su tremenda actuación.
Agradezco porque Dios constantemente actúa,
Siempre le agradezco las bendiciones futuras.

Le agradezco porque sé que Dios nunca para,
Soy grato porque Él está preparando mi gran hora.
Agradezco porque confío en Él de todo el corazón,
Agradezco porque Él me conduce en su dirección.

Soy grato porque sé quién es el Señor,
Soy grato porque grandemente Él derramará su amor.
Le agradezco aun antes de que yo lo haya recibido,
Soy grato porque sé que ya he sido bendecido.

Gracias, Señor, por mantener mi corazón sereno,
Agradezco a Dios porque sé qué significa el silencio.
Agradezco a Dios por todas las cosas que Él me entregará,
Agradezco por cada cosa nueva que Él me va a dar.

De la preocupación a la paz

Despierto y comienza la preocupación
No tengo paz, solamente agitación
Quedo agito pensando: ¿qué pasará?
Quedo nervioso imaginando: ¿qué vendrá?
Mis nervios están sobresaltados
Todo mi ser está muy exaltado.

Vivo así todos los días
No hay sosiego en mi vida
Siempre estoy muy cansado
Estoy completamente agotado
Ya no tengo fuerzas para nada
Mi luz está siendo apagada.

Necesito ayuda para liberarme
Alguien que pueda aliviarme
Necesito una mano piadosa
Alguien que me traiga vida nueva
Necesito salir de esa prisión
Alguien que provea gran liberación.

Solo hay uno que lo puede hacer
Uno que me puede comprender
El Señor Dios me puede salvar
De la angustia, Él me liberará
Podré caminar despreocupado
Él aliviará lo que era pesado.

Entregaré al Señor mi preocupación
Él me direccionará a la solución
Lo que parecía totalmente imposible
Con Dios se convierte en algo posible
Seguiré confiado en su gran ayuda,
Sé que no estoy solo en mi lucha.

La poderosa mano de Dios me cubrirá
De los males, Él me protegerá
Hacia la infinita paz, Él me llevará
Una vida nueva voy a empezar
Dejando todo estrés y preocupación
Viviendo confiado en el Dios de mi salvación.

Todavía no

Oír "todavía no" no es lo mismo que no.
No significa que no vamos a alcanzar,
No significa que no vamos a prosperar,
No significa que no vamos a evolucionar,
No significa que no vamos a lograr.

Oír "todavía no" puede ser desalentador,
Puede ser extremadamente descorazonador,
Puede ser que nos sintamos oprimidos,
Puede ser que quedemos abatidos.
Parece que nada tiene sentido,
Parece que Dios no dará lo que hemos pedido.

Oír "todavía no" genera tristeza.
Sentimos que todo está parado,
Sentimos que el milagro no será realizado.
Sentimos gran frustración,
Sentimos una enorme decepción.

Oír "todavía no" tiene algún significado.
Significa que todavía no es el momento,
Significa que todavía no es nuestro tiempo.
Significa que todavía no lo podemos obtener,
Significa que hay cosas que debemos aprender.

Oír a Dios decir "todavía no" es algo positivo.
Él muestra que debemos continuar la preparación,
Muestra que el Señor quiere darnos la bendición,
Muestra que el Señor quiere ayudarnos,
El Señor desea perfeccionarnos.

Cuando estemos listos, la respuesta será "sí".
Disfrutaremos de la gigantesca bendición del Señor,
Recibiremos el tan soñado favor.
Todo estará en su perfecto lugar,
Y seremos capaces de administrar.

"Los santos"

Muchos cristianos viven aislados
Están viviendo en mundos separados
Un mundo "libre" de todos los pecados.

Están cerrados dentro de una congregación
Su único deseo es comparecer a la reunión
Desean oír una dulce y feliz predicación.

Ellos se olvidaron del mundo exterior
Se olvidaron dónde está el pecador
Dejaron de hablarles del Señor.

Muchos están sentados sobre su salvación
Creen que ya tienen la perfecta unción
Con otras vidas, no tiene preocupación.

Cuando eso pasa, Dios crea la solución
El Señor tocará algún corazón
Mostrándole su espléndida salvación.

Aquella vida encontrará el Señor
Y conocerá su infinito amor
Después, se convertirá en un predicador.

La persona regresará a donde estaba
Mostrará a otros el poder de la palabra
De esa manera, la gente será salva.

Mientras la gente está encerrada
El nuevo cristiano sale y trabaja
Muchísimas vidas son transformadas.

Los pecadores son perdonados
Y "los santos" son condenados
La religión los dejó esclavizados.

Necesidad de limpieza

Así como una casa, la vida debe ser limpia
Una limpieza profunda todos los días
Debemos liberarnos de toda la suciedad
De esa manera, viviremos en santidad.

A veces, la suciedad no es grandiosa
No es una cosa llamativa ni monstruosa
Pueden ser trocitos que nos está ensuciando
Una cosa pequeña nos está perturbando.

Ese trocito puede ser el lenguaje malsonante
Unos hablan cosas feas de manera constante.
Puede ser aquella miradita lujuriosa
El deseo que nace al ver a una persona hermosa.

Hay unos ensuciados por el mal comportamiento
Siempre muestran un mal temperamento.
Contestan y actúan con desproporcionada severidad
Creen que son los dueños de la verdad.

Otros están sucios con las mentiras
Grandes y pequeñas, son parte de su día
Nunca pueden decir la verdad
Viven retorciendo la realidad.

Estos y otros trocitos son perjudiciales
Ellos nos alejan de Dios, nuestro padre.
Pueden parecer cosas mínimas e inofensivas
Sin embargo, están deteriorando nuestras vidas.

Todo lo que es malo debe ser descartado
Lo que estaba sucio debe ser limpiado
Si hay cualquier dificultad para ejecutar
Uno debe clamar al Señor para le ayudar.

Dios auxiliará durante la organización
Dando a la persona un nuevo corazón
Uno estará libre de todo que lo ensuciaba
Su vida estará totalmente renovada.

La nueva vida estará más cerca del Señor
Más cerca de su bendición y amor
Uno experimentará gran felicidad
Viviendo con Dios en santidad.

Sin excusas

"¡No puedo! ¡No consigo!
¡Todas las cosas están contra mí!
Toda la gente me odia.
Nadie quiere ayudarme."

Estas palabras muestran infantilidad
Y están llenas de auto piedad.
La persona decidió cómo las cosas son
Y cree en su imaginación.

Estos pensamientos limitan sus acciones
Estas creencias afectan sus decisiones.
La persona no ve ninguna salida
Ella aceptó que su vida es sufrida.

Esta infeliz situación debe cambiar inmediatamente
La persona debe alterar el repertorio en su mente.
El crecimiento y el éxito, ella debe buscar
Por todos sus sueños, ella debe luchar.

Es la hora de asumir responsabilidades
Esta es la única manera de cambiar la realidad.
No hay provecho en quedarse parado y lamentando
No hay éxito cuando alguien se está rebajando.

La persona debe parar con cualquier excusa
Debe levantarse e ir bravamente a la lucha.
Esta es la única manera de evolucionar
La única manera para que algo se pueda lograr.

Durante la lucha, la ayuda será necesaria
La persona necesitará a alguien para acompañarla.
Hay solo uno con fuerza para ayudar
Hay solamente uno que le hará avanzar.

Solo el Señor Dios podrá auxiliarla
Solo el Señor podrá fortificarla.
Con la ayuda de Dios todo será superado
Un carácter victorioso será forjado.

Nunca más serán dichas palabras depresivas
Aquello estará muerto, parecerá otra vida.
Habrá confianza y protección del Señor
Aunque haya luchas, habrá su favor.

Mi jardín

Tengo un precioso jardín para cuidar
Un espacio personal donde debo trabajar.
Mi corazón es un suelo muy especial
Donde pueden ser sembrados el bien o el mal.

El jardín florece cuando el bien es sembrado
El amor y la esperanza brotan por todos lados.
La bondad se esparce por todas las direcciones
Hay excelentes frutos en los árboles de las emociones.

Miro el jardín y veo su sublime perfección
Siento paz de espíritu y alegría en el corazón.
Un torrente de bendiciones está siendo derramada
La lluvia venida de Dios hace la tierra ser renovada.

Sin embargo, unos intrusos pueden aparecer
En las tinieblas y sombras tratan de esconderse.
Son los enemigos del jardín de mi vida
Anhelan que la felicidad sea destruida.

Pisan y cortan la hierba, y esparcen la maldad
Intentan exhaustivamente matar la felicidad.
Desean que toda la bondad sea arrancada
Desean ver la tierra seca, sin vida, sin nada.

Muchos de esos enemigos llegaron disfrazados
Dijeron que auxiliarían en mi trabajo.
Prometieron que siempre estarían conmigo
Prometieron que serían mis mejores amigos.

Han sido enviados por el maligno, el destructor
Aquel que es el gran enemigo del Señor.
Él no puede ver el bien en ningún lugar
Que pronto envía a sus siervos para perturbar.

Mayor que el enemigo del jardín es su Creador
Mayor que la maldad es la bondad del Señor.
Aunque el enemigo envíe todo su ejército
Delante de Dios, ellos no son más que insectos.

El Señor expulsará todo el mal de mi jardín
Ninguna plaga tendrá fuerzas contra mí.
Dios cuidará de mi corazón todos los días
Mostrando su infinita bondad sobre mi vida.

Promesas de Dios

Dios prometió que Noé y su familia serían preservados,
Él confió e hizo todo como Dios había ordenado.
La promesa fue cumplida, y en el diluvio, fueron salvos.

Dios prometió un hijo en la vejez de Sara y Abraham,
Ellos confiaron en el Señor para actuar en su situación.
La promesa fue cumplida en Isaac; él fue su bendición.

Dios prometió a Isaac la tierra de su futura generación,
Él confió en el Señor y Él les dio Canaán como su posesión.
La promesa fue cumplida; Dios les plantó en aquella nación.

Dios prometió a Jacob que siempre lo acompañaría,
Él confió en el Señor durante toda su vida.
La promesa fue cumplida; él tuvo victorias en sus días.

Dios prometió a José que un día él gobernaría,
Él confió en el Señor, pues sabía que su victoria llegaría.
La promesa fue cumplida; en Egipto, él recibió la gloria.

Dios prometió a Moisés que él lideraría la liberación,
Él confió en el Señor y vio su poderosa mano.
La promesa fue cumplida; él les condujo a otra nación.

Dios prometió a Gedeón que liberaría los israelitas,
Él confió en el Señor y luchó por muchas vidas.
La promesa fue cumplida; él derrotó a los madianitas.

Dios prometió a David un reino bendecido y perpetuo,
Él confió en el Señor, y su esposa le dio un hijo.
La promesa fue cumplida en Salomón, el rey más sabio.

Dios prometió a Elías que nuevamente iba a llover,
Él confió en que el Señor lo haría suceder.
La promesa fue cumplida; Dios envió lluvia con poder.

Dios prometió a Naamán que él sería purificado,
Él confió en el profeta del Señor, aun estando enojado.
La promesa fue cumplida; y de la lepra, él fue curado.

Dios tiene muchas promesas en su palabra,
Él ha cumplido todas ellas desde que han sido registradas.
Dios siempre está actuando en la vida de su nación amada.

Somos la nación de Dios y Él hace lo que anunció,
Solo debemos creer en las promesas del Señor.
Así, recibiremos su maravilloso favor.

Sacrificio definitivo

Ya somos libres, nadie puede condenarnos,
Ya hemos sido escogidos y separados por Dios,
Jesús derramó su sangre para salvarnos.

En vez de nosotros, Él sufrió una terrible punición,
Él hizo todo para demostrar su infinito amor.
Él hizo su mejor esfuerzo para darnos el perdón.

El sacrificio de Cristo es algo inigualable,
Ninguna otra cosa tiene el mismo valor,
El amor de Dios por su pueblo es incomparable.

Lo que Jesucristo hizo fue algo definitivo,
Un sacrificio único y suficiente,
Un acto expiatorio que no necesita ser repetido.

Su sangre preciosa cubre todos los pecados,
Es como un río de aguas puras que lava cada uno.
No importa si están en el futuro o en el pasado.

Todo lo que hacemos o haremos está perdonado,
Dios nos agració así porque nos conoce,
Él sabe que no estamos inmunes al pecado.

Mismo con gran esfuerzo, aún podemos fallar,
Siempre existirá la posibilidad de caer en tentación,
Toda la humanidad está sujeta a errar y pecar.

Y si eso sucede, tenemos un Salvador,
Tenemos la sangre de Cristo para perdonarnos,
Así, viviremos en paz con el Señor.

La convocatoria

Dios está llamando a toda la gente
Está convocando a todos que puedan oír.
Él desea que todos se acerquen
Desea que todos lo conozcan.

Dios es bondadoso y muy compasivo
Está siempre buscando a sus hijos.
No importa adonde ellos están
Dios los ama y grita sus nombres.

Aun en las más densas tinieblas
O en la más profunda oscuridad.
El Señor Dios extenderá su mano
Él sacará sus hijos hacia la luz.

Aunque el hijo esté viviendo en pecado
El Señor no le rechazará.
Dios mostrará el camino correcto
Y lo esperará con los brazos abiertos.

Dios desea solo el arrepentimiento
Desea el cambio en la mente y en el corazón.
El Señor no exige nada además de eso
Haciéndolo, uno se convertirá en su hijo.

El Señor quiere estar cerca de su familia
Anhela que todos reconozcan su paternidad.
Todo será diferente estando cerca de Él
La vida no será lo mismo de antes.

Uno tendrá una vida con alegría y amor
Viviendo días que nunca había soñado.
Todo es posible para los que eligen el cambio
Todo es posible para los que viven con Dios.

La carretera

La vida es una larga carretera
Un largo camino a ser recurrido
Un viaje con muchos altos y bajos
Una aventura rumbo a nuestro destino.

Algunas veces, este camino está calmado
Dominado por la tranquilidad y serenidad
Todo pasa maravillosamente
Seguimos en el sendero de la felicidad.

Otras veces, el camino es atribulado
Hay dificultades para proseguir
Enfrentamos muchos obstáculos
Hay momentos que consideramos desistir.

A veces, sentimos que todo está parado
Estacionamos en el medio de la vía
Buscamos una dirección, una indicación
No podemos ver dónde está la salida.

La carretera de la vida exige sabiduría
Ella demanda un espíritu fuerte y paciente
Debemos estar atentos a los detalles,
Nunca desistir y seguir adelante siempre.

Debemos confiar en el constructor de la carretera

Debemos apoyarnos en aquel que creó todo

Nuestra certeza debe estar en el Señor Dios

El dueño de nuestra vida y de la carretera del mundo.

Él es el único que tiene el mapa completo

El único que conoce todas las direcciones

Él sabe precisamente dónde debemos ir

Él nos calma en el caos de las tribulaciones.

Vamos a entregar la conducción al Señor

Él nos llevará en su mejor camino

Cuidando de cada una de las etapas

Hasta que lleguemos al perfecto destino.

Buscando reconocimiento

Queremos ser reconocidos,
Deseamos ser aplaudidos,
Anhelamos ser notadas,
Queremos ser valorizados.

Luchamos mucho para algo pasar,
Batallamos para que alguien nos pueda admirar.
Soñamos con aquel gran día,
Cuando será importante nuestra vida.

Esos deseos son naturales,
Todos quieren sentirse especiales,
Sentir que hay propósito en lo que es hecho,
Sentir que hay algo en que somos perfectos.

Sin embargo, parece que somos invisibles,
Parece que somos despreciables.
Nadie danos ninguna atención,
Nadie muestra consideración.

Todo lo que es hecho parece en vano,
Grandiosa es la angustia en el corazón.
Hacemos nuestro mejor esfuerzo en todo,
Y recibimos la apatía del mundo.

El dolor ciega nuestro entendimiento,
Olvidamos quién nos está viendo.
Olvidamos para quién estamos trabajando,
No es para un simple ser humano.

Estamos trabajando para el Señor,
Él nos ve con inmensurable valor.
Aunque nadie nos dé atención,
Dios aplaude nuestra dedicación.

Dios es testigo de todo qué hacemos,
Él comprende nuestros sentimientos.
El Padre nos dará fuerzas para continuar,
Y mucho más podremos ejecutar.

Debemos calmarnos y descansar,
Sabemos quién debemos agradar.
Hagamos nuestro mejor esfuerzo por el Señor,
Él derramará sobre nosotros su gran amor.

Descanso y pecado

"Hoy no, pero mañana todo haré,
Un poco de descanso, pronto trabajaré.
No te preocupes, no necesitas estar apresurado,
Mañana o después, todo será ejecutado."

Esas frases cargan un grave pecado,
Creando brechas para huir del trabajo.
Eses refranes destilan la procrastinación,
Envenenan la mente con una dulce ilusión.

El cuerpo es asaltado por la morosidad,
Trabajando en reducida velocidad.
Y la mente se regala con la dilación,
Creyendo que eso es paz para el corazón.

El procrastinador echa a perder su vida,
Desperdiciando cada uno de sus días.
Negando las grandes dádivas que recibió,
Rechazando todo lo que Dios le concedió.

Dios dio una mente espectacular,
Infinitas imaginaciones ella puede crear.
El Señor le dio un cuerpo imponente,
El perfecto complemento para la mente.

El procrastinador deshonra a su Creador,
Desprecia el esfuerzo y el plan del Señor.
Esta persona vive sin reverencia,
Actuando con total y absoluta negligencia.

El cambio es necesario e inaplazable,
La persona tiene que ser responsable.
Huyendo de la pereza y procrastinación,
Abrazando el esfuerzo y la dedicación.

Dios lo perdonará y lo recompensará,
Las fuentes de bendiciones, Él abrirá.
La persona vivirá lo que nunca imaginó,
Todo pasará porque ella trabajó.

Grandes frutos serán recibidos,
Maravillosos milagros serán recogidos.
La pobreza caminará lejos de su casa,
Pues habrá prosperidad y no faltará nada.

Acrósticos

Persona

Apta para ayudar en la

Salvación de

Todos, y

Operar en su

Rescate

Anunciar

Las grandes

Acciones y

Bendiciones, siendo

Alegre y

Radiante

Oír la voz de Dios

Revelar a Él nuestros anhelos y miedos

Adorar al Señor con gratitud

Recibir sus bendiciones y promesas

Acerca del autor

Rafael Henrique dos Santos Lima

Graduado en Procesos Gerenciales y M.B.A. en Gestión Estratégica de Proyectos en el Centro Universitario UNA. Cristiano por la gracia de Dios. Amante de la escritura (español, inglés, portugués), poeta y novelista.

Contactos

rafael50001@hotmail.com

rafaelhsts@gmail.com

Blog: escritorrafaellima.blogspot.com

Agradecimiento

Los sitios abajo contienen una gran cantidad de información y conocimientos útiles para la traducción y escritura del libro.

Bing

Google Docs

Google Translator

Language Tool

RAE

Rhyme Zone

Spanish Checker

Agradezco a los sitios web Playground AI y Bing AI, han sido esenciales para la generación de la portada del libro.

Agradecimiento especial

Agradezco a Dios. Él me dio la inteligencia para escribir los poemas